JN439064

이 복 섭

세 번째 신앙시집

칼날 위를 걷는 달팽이

이복섭 신앙시집
칼날 위를 걷는 달팽이

초판인쇄 2017년 1월 16일
초판발행 2017년 2월 6일

지은이_ 이복섭
발행인_ 이현자
발행처_ 도서출판 현자

등 록_ 제 2-1884호 (1994.12.26)
주 소_ 서울시 중구 수표로 50-1(을지로3가, 4층)
전 화_ (02) 2278-4239
팩 스_ (02) 2278-4286
E-mail_001hyunja@hanmail.net

값 10,000원

ISBN 978-89-94820-27-9 03810

이 도서의 국립중앙도서관 출판예정도서목록(CIP)은 서지정보유통지원시스템 홈페이지(http://seoji.nl.go.kr)와 국가자료공동목록시스템(http://www.nl.go.kr/kolisnet)에서 이용하실 수 있습니다. (CIP제어번호 : CIP2017001203)

칼날 위를 걷는 달팽이

이 복 섭

세 번째 신앙시집

도서출판 현자

인사말

아주 사소한 것일지라도 세상을 행복하게 하는 힘이 있음을 하나님을 만나며 알게 됐습니다. 사람에게 귀하다 천하다 하는 것들이 창조주 앞에서는 격이 없음을 기도하며 깨닫습니다. 그리고 시를 쓰며 삶을 노래하게 되었고 저와 더불어 함께하는 모든 사람과 사물에 더욱 고마움을 느낍니다.

오늘에 이르기까지 저를 위해 수많은 나날을 기도해 주시는 허명근 목사님과 김영옥 사모님 그리고 이정묵 목사님과 여미순 사모님께 감사드립니다.

복지원 원장님, 따뜻한 사랑이 넘친다고 해서 많은 사람들이 어머니라 부르는 신은섭 권사님, 저를 위해 기도해 주셔서 감사합니다.

2017년에는 87세가 되는 삶입니다. 성경을 묵상하며 기도하고 만물을 노래하는 행복을 부족하지만 글로 써보기도 하고 시를 짓습니다. 나이 들수록 찾아지는 보물들을 고이 간직하는 기쁨과 이 기쁨을 나누는 또 하나의 즐거움이

기도에도 시에도 깃들고 있습니다.

제 몸이 세월 속에 늙어가고 기억력은 쇠퇴할지라도 하나님을 경외하는 신앙만큼은 잘 간직하며 살 것입니다.

얼마 전부터 성경 66권을 기억하기 위해서 각 서론을 나만이 알 수 있도록 '시'로 메모해 놓았던 것을 이현자 사장님께서 칭찬하며 이 책이 발간되기까지 물심양면으로 후원해 주었고 편집부 여러분들이 함께 수고해 주심을 감사드립니다. 또한 저를 늘 관심 있게 지켜봐 주시는 계간 『착각의 시학』 발행인 김경수 회장님께서 시평을 해주심에 깊은 감사를 드립니다.

오늘도 내일도 기도와 후원에 힘입어서 열심히 살겠습니다.

2017년 1월

이 복 섭

출간 이야기

자연과 마주하면 한 순간일지라도 일렁이는 순수를 느낀다. 찌든 삶에서 순수가 맞닿는 자연인으로 돌아가는 찰라, 평온함이 기쁨과 함께 가득 차오르기도 한다.

순수를 지향하며 촉발하는 시심을 고이 간직하고 키우는 이복섭 시인의 근황이 궁금했다. 늦깎이 시인으로 등단한 지 2년이란 시간이 흘렀으니 나름의 시작詩作을 해 오셨으리라는 생각이 들었다. 마침 한겨울 어느 날, 시인의 댁을 방문할 일이 생겼다. 주소만으로 집을 찾는 데는 어렵지 않았다. 거의 집 근처에 다다랐을 때 전화를 드리니 깜짝 놀라시며 대문 밖으로 마중을 나오셨다. 작은 체구에 굽은 허리를 지팡이에 의지해서 계셨다. 사진으로만 뵌 얼굴이지만 금세 알아볼 수 있었다.

이 시인은 살림이 누추하다고 재차 말씀하시며 방으로 안내해 주었다. 올해 87세 이복섭 시인이 살아가는 정갈한 삶의 터, 반지하 4평 남짓한 공간에 부엌 겸 마루가 있고 한 사람 드나들 화장실과 작은 방이 딸려 있었다. 그 작은 방에 어울릴 작은 침대와 옷장 그리고 책상이 있었다. 내 눈길은 책상에 꽂혀 한동안 머물렀다. 여러 권의 성경이 손길에 의해 부들부들 보풀어 있고 책상 위에는 시를 써 놓은 백여 장의 A4 용지가 있었다. 시인에게 어떤 시들인지 여쭤보았다. 나이가 더 들면 총기가 흐려질 것 같아 성경의 신약 구약 복음 66권 서론을 기초해서 '나만이 아는 서론 시'를 적어 놓았다고 했다. 또 믿음생활을 하며 느낀 것들을 시로 지었다고 하셨다. 그러면서 오직 하나님을 사랑하며 어떤 것이든 하나님께 기도하고 응답받은 대로 행하고 늘 범사에 감사하는 삶을 살고 있다고 자신의 신앙생활을 말해 주셨다. 많은 시 중에서 요한 일서 서론 시 '교제'를 읊어 보았다.

나의 작은 골방에서/ 하나님을 만나네// 천지 창조를 하신/ 태초의 하나님과 만나네// 세상을 이처럼 사랑하셔서/ 독생자까지 주신 그 사랑에 감사하네// 약속하신 대로/ 주 예수 오신을 갑사하네// 주고받는 대화 속에/ 마음 깊이 전해오는 사랑// 주님의 빙그레 웃는 미소/ 사랑의 향기가 일렁이고// 그 향기에 취해/ 어느새 나는 잠이 드네

비록 작은 방에서 지어진 시였지만 우주적 사랑과 이상을 담은 시세계는 지구를 덮을 만큼 넓었다. 홀로 된 시인은 자신의 작은 독방으로 하나님을 초대하여 대화하고 있었다. 그러면서 성숙해지는 자아를 만나고 직면한 현실적 어려움과 고통을 승화시켰다. 시인에게 시는 날마다 기도이고 노래임을 보았다.

이복섭 시인은 시집을 낼 형편이 만만하진 않다. 하지만 이 시집이 세상에 나오면 어떤 이에게는 힘이 되고 또 어떤 이를 시인의 길로 안내할지도 모른다. 가능성은 삶을 설레게 한다. 이 시집이 출간하는데 협조하여 그 설렘을 함께 맛보고 싶다.

2017년 1월

이 현 자

목차

제2부 신약 서론시

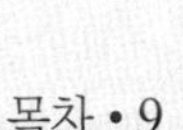

목차

믿음 소망 사랑

제3부 오늘 하루

목차

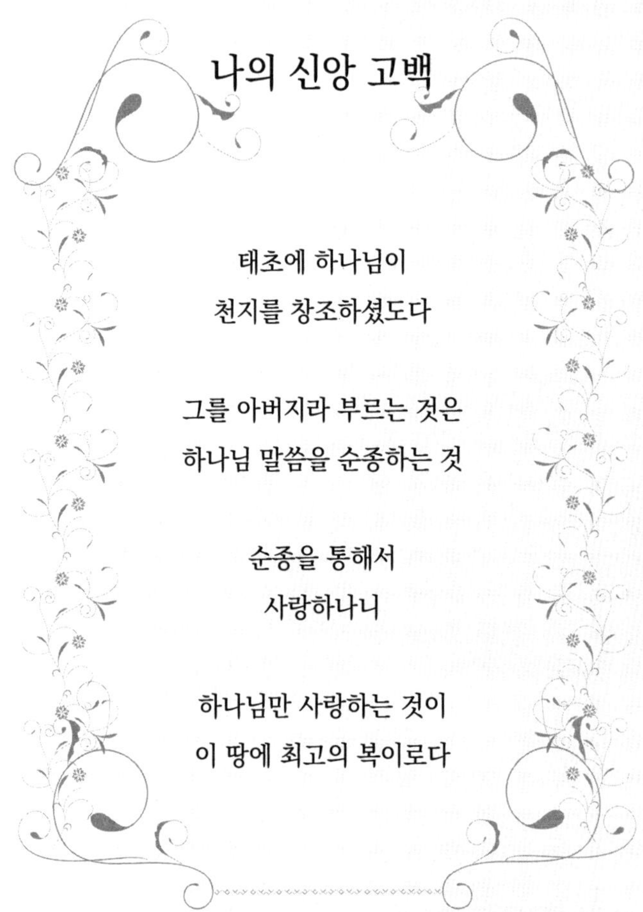

나의 신앙 고백

태초에 하나님이
천지를 창조하셨도다

그를 아버지라 부르는 것은
하나님 말씀을 순종하는 것

순종을 통해서
사랑하나니

하나님만 사랑하는 것이
이 땅에 최고의 복이로다

나만이 아는 성경 서론시

제1부 | 구약 서론시

창조
-창세기

빛이 비추고
멧부리를 덮은
솜이불 걷히면

생명들의 소리가
창조주 하나님을
찬양하도다

아름다운 동산
중앙의 두 나무는
나의 심장이로다

나의 죄로 인하여
한 나무가 사라진 자리에
엉겅퀴 슬피 우거지고

오늘도
나의 건강이 회복되길
바라시는 하나님

나

꽃밭에서 자라는

해바라기 촌에서

치유 받고 있습니다

교패
-출애굽기

어슴푸레
수많은 즈믄 밤

박제되어 살아가는
이스라엘이여

하나님의 때가 왔나니

문설주 피가
죽음을 넘어
자유롭게 하고

그 피가
나의 피로 바뀌기까지

수많은 사람들
불붙은 떨기나무를 돌다가

가시에 찔려
죽기도 하고 살기도 하고

나의 집 문설주
십자가 교패를 바라보면서

감사의 눈물
작은 손에 담아
몇 번이고 바라봅니다

할아버지와 손자

-레위기

심심하지?
예.

그럼 우리 말 타기 놀이할까
등에 올라타세요

좋아 좋아!

할아버지는
손자를 등에 태운다

그러고는 제단 앞으로 가서
껑충껑충 기어 다니신다

할아버지
이게 다 뭐예요?

할아버지가
좋아하는 것들이지

이것은…… 저것은……
자세히도 가르쳐주신다

손자는 피곤한지
두 눈에 졸음이 가득하다

손자를 무릎에 눕히고
자장가를 부르신다

사랑으로 보듬어주시는
참 좋으신 하나님

나 찾으시면
동산에 숨지 않으리라

광야의 유랑
-민수기

구름 따라
돌고 도는
방랑의 길

누가
우리를 불렀느냐

돌아가자
족쇄에서
고기 냄새나는구나

방향 감각을
잃어버린 자들이여

문설주 피를 생각하라
구름기둥 불기둥은
그 무엇이냐

하나님이
지시한 땅으로 가자

주여
우리도 우리의 본향을 잊어버리고
광야의 유랑자 되지 않게 하소서

나팔꽃

-신명기

어린 딸
시집가는 날

지팡이 하나 의지하고
얼마나 울었을까

잘 사는 법
수없이 당부했지만
그래도 아쉬워
눈을 떼지 못하고

높은 산 올라가
바라본 자리에는
연보라 나팔꽃
무성하게 피어있네

때로는
꽃이 시들어도
뿌리는 땅 속 깊이 뻗어나가
내 심령에 다다르고

나도 나팔꽃 되어
어린 딸 시집가는 날
새 나팔을
길게 길게 불리라

무릎

–여호수아

낙타야 너는
주인이 짐을 지우려 할 때
먼저 무릎을 꿇는구나

광야에서
살아남은 자들이여
먼저 무릎을 꿇자

강 건너 행진할 때
산이 평탄해지고
앞서가는 깃발에
붉은 띠 매었구나

하나님 뜻 따라
칼날이 움직일 때
해도 달도 정신 잃고
멈추어 섰도다

땅이 분배되고
제사장 나라 되기까지

먼저 무릎을 꿇었음이여

오늘
내 앞에 놓인 십자가 밑에
먼저 무릎을 꿇자

영광
-사사기

우리나라를 침략한 태양신 나라
그들은 우리의 정원에서
탐스런 감람나무 무화과나무 포도나무를 베고
살기 찬 가시나무를 심었도다

바람이 불면 부는 대로
거들먹거리며 흔들리는 가시나무
그 가시에 찔려 찢어지고 결국 죽는
참혹한 시대여

지금도 가시나무 번성하지만
그 틈에서도 참 열매 결실하는
감람나무 무화과나무 포도나무처럼
겸손한 마음 갖게 하시고

하나님이 주신 달란트
귀한 보배 빛나게 갈고 닦아
즐거워하며 감당할 때
곧 하나님께 영광이로다

효
-룻기

내 딸아
슬픈 눈물 자국 지우고
돌아서라

어머니라 부르며
굳게 다짐한
변치 않을 언약

어머니 가시는 곳에
나도 따라 가고

어머니의 하나님
나의 하나님 되게 하소서

뭇사람들
현숙한 여인이라 부르는구나

하나님 기뻐하심이여
사랑과 보호로 인도하시도다

내 가정을 돌아보면
행복은 효로부터로다

울면서
-사무엘상

암소 두 마리가
보물을 싣고
발을 맞추며 간다

젖이 흐를 때마다
집에 두고 온 새끼
자식 생각에 울면서 간다

곁에 풀 내음 진동하여도
오직 앞만 바라보며 간다

목적지에 다다르면
죽을 걸 아는지 모르는지

두 눈에 흐르는 눈물
닦지도 못한 채 울면서 간다

나도 내 십자가 지고
순례자의 길 울면서 간다

씨
-사무엘하

이새의 나무
한 줄기에서

한 순이 나와
모진 바람 속에
피어나는 꽃이여

열매 맺기까지
흐르는 진액은
눈물이 되고

그 눈물을 받으시는 하나님
"내 마음과 합한 자로다
 땅에 떨어진 네 열매의
 그 씨가
 나라를 경고케 하리라"

진액의 눈물이
감사의 기도가
생명의 노래되었네

쪼개는 지혜
-열왕기상

지혜를 구하는 자
더 풍성하였도다

재판장 앞에서
한 어린 생명 놓고
두 연인의 다툼

"칼로 쪼개라"
놀라운 지혜로다

부강한 나라 되어
안목의 정욕이
하나님 언약
삼켜 버리고

나라를 쪼갰도다
오늘 내 마음속에
하나님 언약
순종과 불순종

말씀의 칼로
쪼개는 지혜
내게 주시옵소서

메시아 왕국

-열왕기하

수많은 선지자들
복음 외치는 소리에
왕들은 귀를 막았네

우상 앞에서 부를 축적하고
정욕에 미쳐버린 왕들을 보시고
한탄하시며 성전을 버리신 하나님

성은 무너지고
포로가 되었네

주여
소망이 어디에 있습니까

앞으로 도래할
메시아 왕국을 보이시도다

오늘도 수많은 강단에서
열심히 종말을 외치는 소리
내게 영 분별할 지혜 주옵소서

예배

–역대상

언약궤 앞에서 춤을 추며
예배를 즐거워하는 자여

예배를 통해서
하나님 통치 속에

기쁨과 평안과 부흥으로
백성들 배부르게 하는
하나님의 아름다운 사람아

나 본받아서
마음 깊은 곳
성전을 두고

하나님의 언약으로
가두리를 부쳐서

제2의 에덴을
아름답게 세우리라

두 두렁
-역대하

갈래 길 두렁에
우거진 풀들

한 두렁은
이슬이 맺혀 있고

한 두렁엔
이슬이 없구나

끝은
서로 다르겠지

갈래 길에서
지혜의 이정표대로……

꽃 한 송이

-에스라

긴- 꼬리표 떼고
고향에 돌아온
에스라 선지자

허물어진 성전
돌 사이에

이름 모를 꽃 한 송이
울고 있네

무너진 성전을 안고
엎드려 통곡할 때

백성들 회개하며
함께 울었네

눈물의 성전이
건축되고

하나님 언약
되찾는 백성들

나
잃어버린 언약
정결의 빛으로
찾게 하옵소서

성벽

-느헤미아

무너진 예루살렘
성벽을 보면서

강한 자의 눈물이
다시 견고한 성벽을
쌓아 올렸도다

나도
나의 심령 속에
허물어진 성벽을 살펴

더욱 굳건하게
쌓아 올려

외부의 침공을
막아내리라

때

-에스더

태어날 때가 있고
죽을 때가 있고

꽃이 필 때가 있고
시들어 질 때가 있고

모든 생명에는
때가 있나니
하나님이 필요한
그때는 정오라

나에게는
기발이 정해진 시간

이때를 위하여
"죽으면 죽으리라"

민족의 생명을 안고
걸어가는 발자국마다
기도의 힘이 살았도다

나에게
하나님이 필요한 때는

지금 숨 쉬고 있는
바로 이때라

대추나무

-욥기

텃밭 대추나무
온 가족 즐거움 속에

어느 날
거센 폭풍이
대추나무 할퀴어 버렸네

많은 사람
쑥덕거려도

하나님 원망하지 않는
믿음의 뿌리에서

"내가 가는 길을
오직 그가 아시나니
그가 나를 단련시킨 후에는
내가 정금 같이 나오리라"

척박한 땅에서도
대추나무에 순이 나오더니

더 큰 나무 되었네

나 역시
고난이 유익이라

고난이 없이는
하나님의 사랑 모르나니
끝없이 사랑하리라

광음
–시편

나무가 자라는 소리
잘리고 꺾이며 지르는 나무의 외침

연약한 싹이 흙을 밀고 올라오는
땅이 진동하며 울리는 소리

하나님 사랑이 세상을 감싸 안고
들숨 날숨 쉬는 그 숨결 소리

시편 속에서
수없는 광음이 스치며 잦아드는 소리

성결로 경외로 사랑으로 찬양한다
한평생 하나님께 드리는 찬양의 열매

내 생애 광음 속에서
사랑의 노래 흐르고 있다

생각
–잠언

곰곰이 생각한다
반석 위에 지은 집과
모래 위에 지은 집을

골똘히 생각한다
사막의 심겨진 한그루 나무
어찌 살아 있을까 하고

깊이 생각한다
지식의 뿌리가
어디로 향해 가는 지를

확실히 생각한다
하나님의 사랑과 공의
이것이 곧 하나님을 경외하는 지혜라

젊은 날
-전도서

구름을 계수하는 자
누구시며

바람이
어디서 시작되고 어디로 사라지는지
아는 자 누구오리까

열두 궁성을
때에 따라 이끌어 낼 자
누구시며

저녁이 스러지고
아침을 부르는 자
누구이오리까

아름다운 만물을
사랑으로 창조하신
여호와 하나님이시라

그분은
우리를 지으시고

찬양받으시기를
기뻐하시도다

공허한 날에 이른 나는
눈이 침침하고 귀가 어둡고
이가 빠지고 성욕이 사라지고
말을 더듬고 허리가 아프고
다리도 아파 모든 것 귀찮아지네

공허한 길을 걷는
늙어가는 나날의 아쉬움을
나의 지팡이가 슬퍼하네

솔로몬과 함께
권고하노니
곤고한 날이 이르기 전
젊은 날에
창조주 하나님을 기억하라

이것이
삶의 근본이요 열매 맺은 사람이라

첫사랑

-아가

누구나
첫사랑 있으리

고귀한
그 사랑
'이는 뼈 중에 뼈요
 살 중에 살이라'
어찌나 아름다운가

지금 홀로
등불을 예비하나니

나의 사랑
예비한 처소로
곧 오시리라

시골 노인

-이사야

도시에 사는 아들
보고 싶은 생각에
복잡한 거리를 더듬으며
겨우 찾은 아들 집

문을 열고 얼굴 내민 며느리
뉘 집 사람인가
알아볼 수 없이 성형한 모습
낯설기만 하다

집안 구조도 바뀌고
방마다 네온전구 달아놓고
기도실에서는
애완견들이 뛰어논다

답답한 가슴을 다독이려
옥상으로 올라서니
손뼉 치며 나를 반기는
초록의 화초가 방글거린다

잿빛 구름 사이에서도
한줄기 빛살을 향해 고개 들고
영롱한 빛 받아먹고 사는
늘 푸른 화초

꽃 피워 열매 품은 화초처럼
아들 가정에도
의의 열매가 맺히기를
간절히 기도하는 노인

나무
-예레미야

흙을 파고든 나무뿌리들이
대지의 가슴을 짓누를 때

선지자는
살구나무 가지를 보고 있고

나는
동면 나뭇가지를 보고 있도다

"여호와의 집을
사랑하는 자들이여

죄악의 심판이 이르기 전
악한 길에서 떠나가라"

선지자들의 외침이
내 지팡이가 되고

지팡이에 살구꽃 피기까지
인내하며 눈물로 가야 하는 길

마음에
시온을 향한 대로가 펼쳐진다

조가

-예레미야애가

강한 군대의 말발굽 소리에
선지자의 놀란 가슴이 내려앉을 때

성은 허물어지고
백성은 끌려가고

늪과 숲 사이에서
슬픔에 둘러싸인 선지자

그러나
한 줄기 사랑의 빛 보았네

"우리 스스로 행위를 조사하고
여호와께로 돌아가자"

우리를 단련하기 위하여
사랑의 채찍으로
다스리시는 하나님

오늘도 가야 하는 삶의 길
나를 말씀의 빛으로
인도하여 주옵소서

일어나라

-에스겔

한적한 정원
한그루 나무가 심겨졌다

봄날 어느 날
무궁화나무가 고개를 들며
벚꽃나무에게 물었다

너는 어디서 왔니
음- 나는 태양에서 왔어
걱정이야
지금 당장이라도
바람 불고 비 올까 두려워
꽃들이 떨어져 죽을까봐

벚꽃 나무가 근심어린 표정으로
무궁화나무에게 묻기를

너는 어디서 왔는데?
난 하늘과 땅에서 왔지

동서남북 어디서나
바람 불고 비가 오면 난 더 좋아
더 아름답게 꽃을 피울 수 있지

성령의 바람이
사방에서 불어오고
성령의 단비가 내리면
무궁화 꽃처럼 죽은 자 다시 일어나
복음의 강한 군대가 된다네

감사기도

-다니엘

창문 열고
늘
기도하는 다니엘

나
습관적인 기도
못할지라도

무릎 꿇고 기도할 때
영광의 빛으로
덮어주시고

지팡이 짚고 기도할 때
땅의 암석을
울리게 하시고

눈을 들고 기도할 때
찬란한 성곽의 빛을
보게 하시고

수많은 기도
오직
범사에 감사기도뿐이로다

참새

-호세아

가시나무 꽃
참새 한 마리

밤에는
왕거미 집을 짓는
가시나무 꽃

가시나무 꽃
떨어지기 전

날개가
거미줄에 걸리기 전

피리 불며
잔이 넘치는 곳

옛집
석류나무 둥지로
돌아오라

가슴 아픈 사랑
돌아오라

여호와의 날

-요엘

그렇게도 가물어
풀은 마르고
씨는 썩어

시냇물 말라
너도나도 헐떡이네

여호와의 날
이르기 전에

내 심령의 밭
잡초를 불사르고

성령의 보습으로
갈아엎어서

생명의 씨
뿌리면서

풍요로운 초장으로 나가
경배 드리자

다림줄
-아모스

예배당 문
반듯한 두 기둥

한 기둥에
사랑의 다림줄

또 한 기둥에
공의의 다림줄

다림줄은
하나님 언약
검진의 줄

예배당 문
두 기둥 앞에서

애간장이 녹아내리는
아모스의 눈물이

다림줄을 타고

이 시대의
눈물이 되었구나

오늘도
내 몸에 성전의 벽

다림추를 달고
조심조심
돌을 쌓아올린다

형제의 고난
-오바댜

이웃 교회
고통당할 때

주님의 이름으로
우리의 아픔이라
기도하고 위로하면

하나님 얼마나
기뻐하실까

말씀은 짧지만
깊은 진리의 '오바댜'

이 시대를 바라보면서
에돔을 다시 한 번
생각해 본다

"서로 사랑하라"
주님 말씀
순종으로 받는다

회개

-요나

천지를 창조하시고
그 위에 법을 세우신
하나님 앞에
무슨 말을 하리오

한 가지
하나님 마음
움직일 수 있는 것

회개와 기도
순종과 봉사로다

시들어 가는
박 넝쿨

그 사연을
나는 오늘도 배운다
하나님 마음을 읽으며

샤론의 꽃

–미가

성은 허물어지고
꽃은 사라져
어둠으로 덮였지만

언약에 충실하면
사랑의 싹이 나고
샤론의 꽃이 피리라

어둠에 둘러싸여도
선지자 외침에
귀담아 듣는 자 없도다

지금 강단에서는
주님 재림을 외치는 자 많건만
귀 기울이는 자 없도다

우리 심령
허물어진 성전에
언약의 씨 뿌리자

예배당

-나훔

순례길 걸으며
초막이나 궁궐이나
십자가 있는 곳이면

묵상하며 울고
회개하며 울고
감사하며 울고

하지만 이제
예배당마다 벽은 높고
문지방도 넘기 어렵게 잠긴 문
들어갈 수 없는 통곡의 담

혹시나
티그리스 강물로 만든
벽돌은 아닐는지요

내 몸의 성전
평화와 안식으로
머무시는 이는
오직 하나님뿐이시라

성령

-하박국

세상 부귀영화 속에서
비록 빈곤에 처했을지라도
항상 기뻐 즐거워함은

물이 바다를 이룸 같이
하나님 말씀
온 땅에 충만함이로다

말씀을 의지하고 사모하는 자
구원 받고 영생의 복이 넘치네

내 일생
성령의 가르침에
순종하는 믿음으로 살리라

여호와의 부름
–스바냐

여호와의 날
두려워 말라

선과 악
갈림 길에서

들을 귀 있는 자
하나님의 부르심에
응답하자

구원의 확신과
소망이 있느니라

주를 찾는 자
손잡아 주신다는
믿음으로

춤추듯 즐거운
소망 품으며
살아가자

성전
-학개

나중 영광이
이전 영광보다 크다며
기뻐하시는 하나님

형제가 연합하여
동거하는 모습
그리 선하고 아름답게
즐겨 보심이여

비록
작은 교회 공동체라 할지라도
하나님과 바른 관계 맺을 때

하나님의 영광
하나님의 평강
하나님의 복이
넘치는 교회로다

먼저
그의 나라와
그의 의를 구하며
아름다운 삶 살아보자

순종
-스가랴

캄캄한 밤
산마루에서
소리 소리쳐도

메아리 들리지 않으니
두려움이 덮치는구나

메아리 없는 사연
아는 자는 지혜로운 자로다

말씀에 순종하고
주님 재림을 기다리는 자

그의 영혼에
이슬이 내리고

풍성한 열매
익어 가리라

의로운 해

-말라기

"성전 문 닫는 자
 있었으면 좋겠다"

얼마나 가슴 아팠을까요

슬픈 공의
서글픈 사랑

사백 년 기나긴 세월
홀로 얼마나 우셨을까

호렙산
율례와 법도의
두루마리

해 뜨는 곳에서부터
해 지는 곳까지
펴 놓으시고

향과
깨끗한 제물로
의로운 해
떠오르게 하리라

선지자 말라기
예언을 마무리하시다

나만이 아는 성경 서론시

제2부 | 신약 서론시

왕
-마태복음

한줄기
사랑의 빛으로

이 땅에 오신
구세주
우리 왕이시여

생명의 씨
사랑의 씨
온 땅에 뿌리셨네

정결한 몸
우리의 왕이여

온 인류의 죄
어깨에 메시고

온전한 제물 되어
제단에 바치셨네

주님
본향에 가실 때는

진달래 꽃
개나리 꽃
급히 핀 목련화
환송가 부르고

구름은 황금마차 되어
하늘 길 달린다

다시 오마
약속하신

우리 왕
나의 구세주

종
-마가복음

온 인류 섬기려
종으로 오신 주님

세상 죄를 지고 가는
하나님의 어린 양

주님의 십자가
고맙고 감사해서

날마다
고난의 십자가
붙들고 웁니다

주님을 모르는
불쌍한 영혼들

주님의 십자가에
못 박는 망치소리는
지금도 계속 들립니다

그들이 아직도 깨닫지 못함은
나의 얄팍한 믿음으로 인함이니
나를 용서하여 주시옵소서

감람산

-누가복음

숲이 대지를 품고
잠들 무렵

주님
무릎 꿇으실 때
천사가 돕는다

별들은 나무 위로
낮게 내려앉고
땅은 떨고 있도다

앞에 놓인
고통과 수난

땀방울이
핏방울 되고

처절한 고뇌
찢겨지고 있으나

하나님 뜻 따라
복종하시는 주님

내 어찌
잠들 수 있으리요

성령께서 함께하셔서
항상 깨어 있게 하소서

하나님 사랑

–요한복음

주님의 십자가 붙들고
감사 눈물 흘릴 때

십자가 위에서
보혈의 피 흘러 흘러

머리로 흐르고 가슴으로 흐르고
정강이에 흐르고 발바닥에 흐르고

움직일 때마다
말씀의 빛으로 밝혀주시니
어찌 감사하지 않으리오

곤고한 나날들
구부러진 허리
지팡이 의지할 때

세상 사람들에게
구경거리가 되었네

하지만
금과 은 없어도
믿음으로 살아가는 삶
질그릇 속에 보배가 담겼어라

결국, 질그릇 깨어지고 부서지면
보배는 세상에 빛을 발하리

하나님께서 세상을
이처럼 사랑하셨으니

나 또한
하나님만 사랑하리라

작은 교회
–사도행전

십자가 밑에
죽은 듯 조용한
작은 교회

교육자는 보이질 않고
십자가 붙들고
쏟아 내리는 눈물 소리가
강단을 흔드는구나

세속 장식의 올무에
걸리지 않도록
성령님께 부르짖는 소리

세상에서 쓸모없는
나를 택하여
기름 부으셨으니

생명의 입김을 불어 넣어 주소서
하나님의 언약의 증인되게 하소서

"내가 너를 사랑하노라"
세미한 음성이 들린다

영혼을 사모하는
작은 교회 교육자를 통해
오순절의 권능이
교회 안에 넘치도다

상속

-로마서

하잘 것 없는 나
창세전부터 택함을 받아

하나님을
아바 아버지라 부르는
최고의 복을 받았네

우리를 위해 이 땅에 오신
예수 그리스도와 함께
하나님의 후사가 되었으니

예수 그리스도의 즐거움도 고난도
함께 받아야 함이여

하나님의 후사
곧 상속자로서

예수 그리스도의 재림 때에
우리 모두 다
영광의 몸으로 변화되어

그리스도와 공동체의 상속자 되니
얼마나 기쁘고 즐거운 일인가

주님의 십자가

-고린도전서

십자가는 복종하는 것
십자가는 지는 것
십자가는 참는 것
십자가는 죽는 것

십자가 진리만이
구원을 얻게 하나니

나도
내 십자가 지고
부활의 첫 열매
바라보면서

성령에 힘입어
빛 가운데로
걸어가리라

질그릇
-고린도후서

토기장의
정성 어린 질그릇

그 속에 담긴
보배

하지만
질그릇을 깨야만
보배는 영롱한 빛을 발하리니

이처럼
오직 나는 죽고
내 안에 숨쉬는
그리스도만 살아나시리

자유

-갈라디아서

세상 무덤에서
나를
살리신 주님

굳게 세워
다시는 종의 멍에
메지 않게 하신 주님

진리의 영으로
자유롭게 하사

믿음으로
하늘 위로 받게 하시니

나의
심장에서 불어오는
사랑의 화신풍이

세상을
덮어가게 하시네

신령한 복

-에베소서

우리를
창세전부터
택하여 주시고

신령한 복
부어주시는 성부님

우리는
그리스도 안에서
죄 사함 받은 자

신령한 복
부어주시는 성자님

우리는
구원의 복음 듣고
믿음으로 나가는 자

신령한 복
부어주시는 성령님

동서남북
걸음걸음 발걸음이
몰려드나니

성령 안에서
평안의 끈으로
우리는 하나 되네

성부 성자 성령
내게 주신 신령한 복
힘써 지켜나가리

항상 기뻐하라

-빌립보서

바짝 마른 사막
갈급한 생명수
뭍 생명 헐떡인다

살아감이 힘들고 어렵다
너도나도
이구동성이구나

크고 작은 갈래갈래 길에서
어디로 가야 하나
삶의 길이 어디인가

작고 좁은 험한 길
그 길을 택한 자
복이 있으리라

그 길 끝닿은 곳에
생명수 넘치고
갈증을 풀어 줄 열매 주렁주렁

보이지 않는 그 길이 어디인가
실로암에 가서
정갈하게 눈을 씻어보리라

새롭게 보이는 오묘한 세상
창조주 하나님의 세계
기쁨의 생명수 만나 어찌 아니 기쁘리요

미리암이 북을 치며 춤출 때
달도 해도 덩실덩실
벅차오르는 가슴

구원의 새 노래 속에
기쁨과 평안이 넘치고
늘 감사의 가락이 울려나오리

뿌리

-골로새서

아주 작은 키지만
사막을 지키는
파수꾼 포아풀

키 작은 너의 뿌리는
물을 찾아 뿌리 깊이를 더해가
마르지 않는 번성의 복을 누리는구나

나도 키 작은 사람이지만
주님 안에 뿌리를 박고
믿음으로 굳게 서서

파수꾼이 되어
삭막한 세상을 향해
나팔을 불리라

하나님의 뜻

-데살로니가전서

세상살이
힘들고 어려울 때
가만히 들꽃을 들여다본다

화초를 밀어 올리는 흙의 사랑
그 위를 날며 노래하는 새들
자연스레 입가에 미소가 돈다

세상 파도가 넘실거릴 때
마음을 다해 굳게 서서
저 멀리 수평선 바라본다

굴곡 없는 수평의 평온
기도의 지팡이는 나의 버팀목
어느새 파도는 잦아든다

기쁜 날에도 곤고한 날에도
나무 열매들의 향기로움은
내 코에 생기를 불어넣고

나의 기도는
늘 평온한 미소와
기쁨과 감사의 노래

이 기도가 멈추지 않게 하소서

애통

-데살로니가후서

우리네 살아가는 나날들에는
수많은 애통의 자국이 새겨지고
하나님은 위로와 사랑으로
그 위를 덮으신다

눈물로 애통하는 한나
기도에 응답을 주시며
여인을 위로하신 하나님

갈보리 언덕에서
주님 못 박히실 때
녹아드는 모성애로
통곡하는 여인들
구원의 사랑으로 위로하신 하나님

내 삶의 애통도
따사롭게 위로하시는
하나님 사랑 속에 묻혀버렸네

건축
-디모데전서

성전을 짓는다
먼저 수평을 잡고

사랑과 믿음 그리고 정결로
기초 공사 마친 후

진리의 기둥 세워
정성의 벽돌 한 장 한 장
쌓아 올려서

하나님과 함께 할
내 마음속의
성전을 세운다

지금 나

-디모데후서

젊을 때에는
복음의 불길이
산을 태우고

수많은 사람들
주님 사랑에
기뻐했었지

지금은 곤고한 날
주위엔 아무도 없고
오직 지팡이 하나

갈보리 언덕
주님 발자국 위에
내 고통과 감사의 눈물
지금 고여 있으리

"겨울이 오기 전에
 너는 어서 오라"

날 부르는 사람 없어도
이 생명 부르시는 그날까지
말없이 무릎 꿇고
시편으로 십자가 증언하리라

동구 밖
-디도서

주님 약속 기억하네
"내가 속히 오리라"

기쁘고 감사할 말씀
얼마나 좋은 소식인가

언제 오실지
아무도 모르는 신랑

신부는 설레고
혼인잔치 준비가 분주하다

눈부신 광채 속에
신랑이 오실까

천사가 나팔 불며
구름타고 오실까

별들의 행진하면
그 사이에 오실까

그날을 고대하며
신앙의 정절을 지키네

동구 밖에 나가
등불 들고 기다리니

주 예수 우리의 신랑
어서 속히 오시옵소서

우정
-빌레몬서

친구여
난 어려움 속에서도
믿음의 아들 얻었다네

나의 분신과 같은
보배로운 아들을
그대에게 돌려보내네

그대 집에서
그대를 괴롭게 하고
내게로 온 것은

영원히 그대 곁에
두려함이 아닌가

이제는
서로서로
형제로 대하기 바라네

인생길 가는 동안
손 맞잡고
우리 함께 걸어가 보세

나의 믿음
-히브리서

"누가 지혜로
구름을 계수하며

사람 없는 광야에
비를 내리고
연한 풀을 나게 하며

까마귀 새끼가
먹을 것이 없어
부르짖으며 오락가락할 때

먹을 것을
예비하는 자가 누구냐"

말씀하시는 하나님

이 땅에 꽃과 열매의 향기를
바다의 물고기들 찬양을
바람에 실어 파도에 실려
하나님께 올리네

쓴물과 단물을 쏟아내는
사람의 입을 닫고
태초의 하나님께
범사에 감사하리라

믿음 안에서
나의 노래는 시가 되어
하나님께 올리나니
흠향하여주소서

믿음과 행함
-야고보서

순식간에 닥친
큰 바다 같은 슬픔
태산 같은 고난
내 작은 믿음으로
도저히 넘을 힘이 없어요

하지만
하나님 숨결 속에
나도 따라
숨을 쉬고 있기에
힘을 낼 거예요

오직 하나님만 바라보면서요

아브라함이
이삭을 앞세우고
삼일 길을 간 것처럼

경주가의 금길 따라
백발을 휘날리며
달려갈 거예요
성령님을 부르며
힘껏 뛰어볼 거예요

믿음과 소망
-베드로전서

온통 흰 눈에 덮인 세상
동백나무 홀로 웃는다

혹독한 겨울
굴뚝새 날개 칠 때
슬며시 밀고 올라오는 봄

믿음이 꽁꽁 언 길
소망이 가려진 시간
나그네는 헐떡이며 외친다

성령님
이 가슴에 얼음을
녹여주세요
돌무덤을 열어주세요

믿음의 싹이 튼다
소망의 빛이 발한다
봄이 오고 있다

근면과 성실

–베드로후서

한 사람이
사막을 걷는다

방울뱀이 나타나
혀를 날름이며
좋은 길이 있다며 유혹한다

뱀을 따라 갈까
정말 좋은 길이 있을까
머뭇머뭇 망설인다

아니 그 유혹에
넘어질까 조심해야지
어느 날 주님의 말씀 기억해

"주님 재림의 소망을 갖고
근면과 성실함으로
삶에 힘쓰라"

한 사람은
말씀의 등불을 켜고 기도한다
비록 슬픔과 고난이 손짓하는
사막 길을 걸을지라도
기쁨과 평강의 오아시스가 있음을……

교제

–요한일서

나의 작은 골방에서
하나님을 만나네

천지 창조를 하신
태초의 하나님과 만나네

세상을 이처럼 사랑하셔서
독생자까지 주신 그 사랑에 감사하네

약속하신 대로
주 예수 오심을 감사하네

주고받는 대화 속에
마음 깊이 전해오는 사랑

주님의 빙그레 웃는 미소
사랑의 향기가 일렁이고

그 향기에 취해
어느새 나는 잠이 드네

이웃 사랑

-요한이서

세상의 빛이 되시는
하나님 사랑

영원토록
즐겨 찬송 부르리

넘치도록 부어주는
하나님 사랑

그 사랑 받아
더욱 이웃 사랑하리라

편지
-요한삼서

"낯선 땅
복음 외치다가
지쳐 있는 자에게

봉사하는 자
복이 있도다"

사도 요한 편지
입에 물고

어제도 오늘도
빌딩 위를 맴도는
비둘기

밤의 화려한
네온사인 위로

주르륵 주르륵
비가 내리네

길

-유다서

달팽이가
칼 위를 걷는다

제 몸의 점액을
칼날에 바르며 걸어간다

길 없는 정글에
에워싸여도

날 선 칼을 휘두르며
길을 내며 간다

마음 문을 열면
말씀의 빛이 들어오고

빛 가운데 믿음을 세워
생명의 빛으로 길을 연다

빛이 인도하는 길 따라
달팽이는 간다

혼인잔치

-요한계시록

주님
구름 타고 올라가신
그 모습 그대로

“내가 속히 오리라”
약속하신 주님

주님 기다리다가
내 눈물 골짜기는
말라버렸습니다

문득 내 안을 바라보던 날
주님이 들어와 계심을 알았습니다

혼인 찬치는 언제 하실까
손꼽아 기다립니다

꽃이 필 때 하시려나
열매가 익을 때 하시려나
하얀 눈이 덮일 때 하시려나

언제이든 그날까지
믿음의 정절로
주님 바라보며 살아가렵니다

믿음 소망 사랑

제3부 | 오늘 하루

제2의 에덴

바람이 슬며시 잠들면
국화 향기는
나뭇가지에 매달리고

나팔꽃들이
잠 깨울까 봐
가로등 밑으로
사뿐사뿐 걸어간다

바람이 잠든 사이
나팔꽃 따라
나도 조심스레 길을 나선다

내 속에 어두운 그림자들
앞산 넘어 골짜기에
떼어 놓고

성산에 올라
거룩한 마음으로
주의 이름 부를 때

여명이
닭의 깃 속에 스며들자
새벽을 부르는 홰를 친다

잠 깬 어린 아이는
더듬더듬 엄마 품 찾아들어
젖을 빨며
어미를 쳐다보는 그 눈동자

오늘도
내 마음의 눈빛은
제2의 에덴을
세우고 있다

백합화

우연히
거울 앞에 섰다

한때는
파란 꿈들이
거울 속에서 걸어 나왔지

멀리 가버린 듯
아득했던 꿈은
거친 숨결로 내 가슴에 깃들었나

예나 지금이나 푸른 마음 그대로인데
이 사람아
언제 백발이 되었는가

하얗게 된 머리카락
긴- 겨울 소복한 눈
내 머리에 내려앉은 탓이겠지

연민의 우물에서
건져 올린 나를
거울 앞에 반듯하게 세워본다

내 영혼의 향기는
들에 핀 백합화를 부른다
부활의 소망으로
피어나는 순백의 백합화

들국화

–착각의 시학 제12주년 기념

거친 바람에
실려 날아온
씨 한 톨

척박한 땅에
의지의 뿌리를 내려
흙 한줌 움켜쥐었다

살 에이는 바람이
메마른 흙먼지 날려도
꽃봉오리를 마침내 펼치는
들국화

절망 속에 흐르는 눈물로
가슴을 쓸어냈는가
하얀 꽃잎이 된 삶
향기조차 희다

어둠 속에 몸부림
뿌리는 끈질김으로
잎은 의연함으로
빛 속에 곧추선다

열두 마디마디
진액을 간직하고
그 줄기 끝에
마침내 핀 꽃

이제
다시 꽃 피울 때
더욱 탐스러움을 더하고
진한 향기는 매혹적이다

메마른 광야에
'착각의시학' 너머에는
소망과 기쁨의
생명수 흐르고

피리 부는 사람마다
들국화 씨앗 되어
온 땅을
향기로 덮어 간다

하프타임

나는
콩 한 톨 팥 한 톨 심고
하늘만 바라보며
땅을 사랑했다

친구들은
빠른 세파世波를
잘도 뛰어 넘는다

친구들과 나의 사이는
점점
멀어져만 간다

내 생활의 하프타임은
교회당이다

하프타임에
코치가 준 바통

‘시 등단’
글이 새겨져 있다

바통을 들고
경기장에 들어섰다

열심히 뛰면서
친구들과 어깨를 나란히 했다

교회당 좋은 코치께
감사하면서

오늘도
영생의 길
땀 흘리며 달린다

어느 날 예배

호숫가
뭇 짐승들이
물 마시는 소리

햇살 아래
새들이
지저귀는 노랫소리

사람들이
서성대다가
돌아가는 소리

“마당만 밟는구나”
하나님의 말씀

주여!
나 어찌 하오리까

하나님만 사랑하며
하나님만 경외하는 마음
변치 않게 하소서

씨 한 톨

누가
내 마음속에
씨 한 톨 심었나

싹을 틔울 때
찢어지는 가슴

꽃 필 무렵이면
참으로 마음은 벅차올라

꽃잎 떨구고
온몸 진액 끌어당겨
열매 키워갈 때는

쓴물이 목줄기를 타넘고
심장의 요동에 몸은 흔들리고
다리가 휘청인다

시심詩心의 눈물방울 훔쳐 내며
튼실한 열매 맺는 그날
하나님께 조아리는 향기로운 열매

가을

손잡고
낙엽 위를 걸어가는
한 쌍 애호를 보며

가을은
머뭇거리며
몸부림친다

11월 달력
소설小雪로
경종을 울린다

'죽어야 산다'
진리에 순복하는
철들은 가을

우리는
가을을 거쳐
하나님을 뵙는다

묵상

첫
눈이 내리네

내
가슴에도 소복소복

흰
눈 위 펼쳐진 에덴

“네가 어디 있느냐”
“내가 여기 있나이다”

홀로
묻고

홀로
답한다

묵상
그 위에 소복소복

첫
눈이 쌓인다

겨울 나무

친구
추운가?

아니야
춥기는
오히려 다 털어버리니
홀가분하네

그럼
지금 무얼 하고 있나?

봄,
날 찾아올 봄을 그리고 있지
그 햇살을 생각하며
그때 할 일을 품고 말일세

난
내 안의 날 바라본다

그저
오래된 빛바랜 열매만 끌어안고
웅크린 채
눈 감은 내 모습을

내속을 들킨 듯
얼굴 붉히며
친구 등을 쓰다듬으며
부끄러이 올려 보네

성탄절 축제

촛불은 다 타버렸고
축제는 끝났습니다

그러나
하늘에는 영광의 빛으로
땅에는 평화의 축제가
이어집니다

다음 해 축제는
하늘과 땅이 펼친
끝없는 축복이 있기에
기약期約할 필요가 없습니다

강물

어제도 오늘도
메마른 땅에
거칠게 비가 내린다

불어난 강물엔
사방에서 쓸려온
오염물 투성이다

이 강을 어찌 건널까
강 저편 아름다운 곳
희망의 에덴

나는 가야지
십자가 나룻배 타고
오물을 헤치며 강 건너 가리

창조

주님은 나를
밤마다
생명 깃으로 덮으시고

밤의
별빛 달빛으로 빚어
창조하시는 하나님

아침 햇살에 깨어난
내 심령 가운데
창조의 손길이
스쳐 가심을 일깨우시고

창조하신 신세계
나
오늘도 즐겨 기도해야지

오늘 하루

나
오늘 아침
살아 있음이
얼마나 감사한지요

오늘도
내 영을 새롭게 해 주시고

주님이 주신 사명
설계할 수 있게 하시니
감사합니다

어제까지의 일들은
주님의 깊은 사랑의 둥지에
묻어 놓고

비록
외롭게 걸어가는 것 같아도

심장의 가야금 열두 줄로

새 노래 튕기며

덩실덩실 춤추며
걸어갑니다

세상 사람 아무도
알 바 없어도

나 어찌
이 아름다운 세상을
문자로 다 기록할 수 있으리요

생명의 삽으로
환희 하나 조심조심 떠 올려
내 마음 밭에 옮겨 놓고

제2의 에덴을
가꾸어 놓으리

소리

주님
도와주소서!

높은 산마루에서
애타게 외쳐 봐도
메아리는 나의 음성

바다 저 너머 향해
크게 불러 봐도
단잠 깬 갈매기들의 소리만
시끌벅적하고

들판에 서서
목청껏 불러 봐도
다람쥐들만
분주히 오가고

야산에는
만발한 나팔꽃만이
아침을 노래한다

주님
어디 계십니까

묵상 기도할 때
빙그레 웃으시며

내 심령 속에
제2의 에덴 건설을
말없이 지켜보고만 계시는
주님

난 놀랍고 놀라서
그만 엎드리네

늘 함께 하신 주님께
영광의 감사제를 올리네

빛 잃은 십자가

태양 빛이
세풍을 타고
십자가 빛을
삼켰도다

주님의 비탄 입김이
빙산을 녹이는구나

새 노래를 부르는자
그 마음속에
십자가 빛
밝히는구나

죽으면 죽으리라
여인 앞에
부끄러움 없는
나 되게 하소서

신발

헤아릴 수 없는
높음과 깊음 사이

생명의 땅이
숨 쉬는 소리

풀과 나무들이
꽃과 새들이

하나님께 노래하는
환희의 동산에서

헤어진 신을 신고
밟고 다니는
부끄러움 어이 할꼬

어린 아이
뽀얀 맨발로
아장아장 걷는 모습

참으로
아름다워라

줄부채

소리꾼
줄부채 들고
춤을 추며

곡의 굽이굽이
줄부채 활짝 펴
노래 부르면

관객들 갈채
쏟아지네

힘들어간 다섯 손가락
시원스레 줄부채 잡고
부챗살 펴 보려 내리쳐봐도

내 손에 줄부채는
묶여진 듯
왜 펴지지 않을까

펴기만 하면
시원한 바람
일으킬 텐데……

모성애

하나님이
그렇게도 기뻐하신
창조물들

철부지
우리로 인해
더럽혀진 피조물들

사계절의 순환 속에
햇빛과 비
이슬과 눈으로
닦으시는 하나님의 사랑

생명이 자라고
가족이 하나 되게
이 땅을
모성애로 감싸주셨네

새 둥지에 갓난 새
어미에게 입 벌리며
지저귀는 소리

내 입술에 노래
하나님 사랑
어찌 찬양하지 않으리

끝없는 사랑으로
나를 기르시는
하나님이시라

나그네 길

어느 현자는
광야에서 부르짖고

나는
나그네 길에서 외치네

찢어진 배낭에
생명 씨
흘려가며

힘들고 괴로워도
나 홀로
묵묵히 걸어가는 길

주님 손의
못 자국
그 상처 아물었나요

내 손을 맞잡아
주신 주님의 손

내 손엔 주님의 피가
보이지 않네요

— 오라
생명 씨에
붉은 피 묻어 있네요

주일 아침

주일 아침
성전을 향해
집을 나설 때

수호 병사가
성가대원을 동원하여
나팔 불며
춤을 추며

성전까지
인도하심을

홍해 건너
미리암이
소고를 잡고
춤을 추는 모습이어라

주님 향해 가는 길
군악의 행진곡으로

사랑의 미로美路를
열어주시는 주님

어찌 이리도
기쁨이 샘솟는지요

순례자의 길

새벽이 밝아오면
우리네 세상은
어두워지고

망치 소리
깡통 소리
고함 소리

내 귀가
요요擾擾하구나

광야에서
외치는 자의 소리가 있어
내 귀는 열리고

심장을 비췬
한줄기 빛에
두 눈은 밝아져

이슬 맺힌

첫 입으로
새노래 부르며

나 먼저
빛과 공기 땅과 물에
감사제를 드린다

둘러맨 배낭에
감사의 뜻을 담아
순례의 길
오늘도 걷는다

영광의 빛

태양 빛 가득한 세상
하나님 영광의 빛
눈에 보이지 않네

아침에 피었다가
저녁에 시드는
하루 꽃에도 영광이 있어

하나님 영광의 빛
달에 숨겨 있을까
별에 가려 있을까

높은 산 휘감은
구름 속에 싸여
볼 수 없는 것일까

포도나무
가지된 나는
비로소 알았어

포도알 속에
꼭꼭 숨겨진
영광의 빛을

포도가 익어 갈 때
빛을 발하는
하나님 영광의 빛을

채찍

주님
이천여 년 전

등을 치는
잔혹한 채찍 소리

심장에서 심장으로
메아리치는 소리

눈물이
생명의 강이 되고

그 강가에 심겨진 생명나무
그 나무가 열매를 맺었네

나
오늘도
눈물의 열매를 먹었네

내 안에
또 에덴을
창조하시는 하나님

그 크신 사랑
무엇으로 보답할까

목마름

목마름으로 헐떡이는
나그네
창자가 달라붙었다

하늘을 향해
바다가 입을 열고
땅도 입을 열었다

나무도 입을 벌리고
꽃도 입을 벌렸다

둥지 어린 새도 입을 연다

나 홀로
조용한 밤
입을 벌린다

은하수 줄기를 빨아들인다
배가 부르다

제2의 에덴의 강
물줄기를 터놓는다

한 마디

돌아올 수 없는
꿈들이여

밀려가는
시간이여

떠밀려가지 않으려
지팡이 하나로
힘껏 버팀이여

하늘이 열리고
사랑스런 음성의 울림
"너는 내 아들이라"

그 한 마디
그리움이여

걸어온 길

생이 시작 되는 순간
누구든지
처음 가는 길을 걷게 되지
뒤돌아보면
그게 자기의 인생이라지

어떤 이는
아주 먼 길을 걸어가고

또 어떤 이는
얼마 걷지 못하고 말지

나는 어디쯤에서
뒤돌아보게 될까

출발의 첫 걸음에서
먼 길이나 가까운 길이나
끝은 있지

끝에 서면
어떤 이는 아쉬워 울고
누구는 기뻐 웃지

낙엽이 사뿐히
벤치에 머물 때

나 또한
걸어 온 길의 끝을 보겠지

낭독朗讀

다 자란 연어가
첫 숨 터진 산천 그리워
태평양 물살 뒤로 하고
계곡물에 몸 부비며 거슬러 오른다

인생은 태어난 곳 그리워하고
생명이 싹튼 모토를 사랑한다

내 시심이 움튼 고향
서로 교통이 없다 해도 나 홀로 사랑하리
마중물 없어도 바가지 띄우고
달빛 친구 삼아 낭독하리라

별들이 내려와 풀잎 이슬에 목축일 때
착각의 시학 그 거울 앞에 몸단장한다

나 세상 떠날지라도
시의 숲속에 남겨진 흔적

누군가 낭독하며 떠올릴 때
별들은 다시금 즐거워하리

나,
착각의 시학에서 태어났음이여

성결

나
성결을 위해
기도합니다

나
성결을 지키려
주님 닮아가렵니다

나
성결함을 간직하려
성령의 열매 맺으렵니다

그러나
부족한 믿음에
비탄하며 가슴을 칩니다

비몽사몽
가슴이 열리고
코끝에 닿은 향기 맡습니다

내가 죽고
내 안에 그리스도가 살아 계실 때
성결한 나를 봅니다

내 이마엔
성결의 표를 붙여
빛을 낼 것입니다

빛

태초에 천지를 창조하실 때
먼저 빛을 창조하신 하나님

비가 내리고 눈이 내리는
사이사이마다
영광의 빛이 비취고
심음과 거둠이 있음이여

지금은
말씀의 빛
사랑의 빛
구원의 빛
감사의 빛

수많은 빛들이
사라졌습니다

구름 속으로
산골짝으로
가시덤불 속으로 숨었을까

온 땅에
성령의 날개를 펴시고
성령의 뜨거운 불로
죄악을 사르시고

온 인류에게
빛을 발하옵소서

그 전에 먼저
내 몸의 뼈 마디마디마다
하나님 영광의 빛이
굴절되어 새롭게 하옵소서

낙엽

구름이 태양을 가리는 시간
아무도 없는 텅 빈 공원
벤치가 나를 부르고 있다

낙엽이 내 무릎 위로
사뿐 내려앉는다

앞뒤가 노란 낙엽
한 면은 나의 길 안내판일까
또 한 면은 나의 사명의 표지판일까

내가 어디쯤 와 있는 걸까
사명은 이루어 왔을까
노란 묵상이 나를 붙잡는 순간

낙엽은 홀연히
미풍 따라
별을 찾아 날아간다

새 하늘 새 땅

하늘이여 말하라
너의 존재를

땅이여 말하라
너의 세계를

바다의 이는 파도
끝없이 바위를 치고

삯아 드는 포말의 외침
헛되고 헛됨이라

생명의 면류관
벗어 던졌네

땅의 생명들아
우리 굳게 손잡고

새 하늘 새 땅에
사랑의 뿌리 내려 보자

증인

하늘을 바라보며
주야로 통곡하며 흘리는 눈물
그 울음 들어주소서

환난을 피해
높은 산성으로 인도하시는
주 여호와여

세상 속에 내린 뿌리 거두고
환난에 흔들리지 않는
내 아버지 말씀에 새 뿌리 깊이 내리리

주신 사명 이루며
제2의 에덴을
마음껏 노래하리라

우리를 창조하신 이에게
아버지라 부르는 그 입술
복이 있나니

보여주소서
들려주소서
깨닫게 하소서
태초의 하나님, 증인 되게 하소서

청소

태초에 아름답게 창조하시고
심히 좋았더라 말씀하신 하나님

그 세계에 사람을 두시고
복을 주셨지요

아름다운 세계는
사람으로 인해
오염되고 망가졌어요

때로는
비를 내려
씻어내시고

때로는
눈으로 덮어
깨끗하게 하셨지요

잡초 끝에 이슬
맺힌 방울 속에

아름다운 작품 보이네요

눈망울에 비친 황홀한 세계
내 마음 흔들며
심금을 울리네요

밤사이
고양이가 쥐 사냥한 흔적
그 핏자국

내 집 문 앞은
제 스스로
말끔히 닦아야지요

기다림

수많은 환난 속에서
나의 입술은
주의 이름을 되뇌며
기다리고 또 기다렸네

세월이 흘러 늙어서야
성전 낮은 곳에 서서
새롭게 말씀을 잉태하니
성령의 열매를 먹고
의義의 옷을 입는 즐거움이여

살아가는 동안
성전을 사모하며
노래하리

한줄기 생명의 빛이여
제2의 에덴에 생명들을
소생케 하소서

피고 지고

따뜻한 바람 불어오면
아름다운 꽃들이 피고
가시나무 꽃들도 피고

산산한 바람 불어오면
아름다운 꽃들이 지고
가시나무 꽃들도 지는

그 사연 나는 모르리
피고 진 꽃들은
어디로 갔을까

주여
깨닫게 하소서

해가 바뀌면
또다시 피고 다시 지고

나는
눈물의 씨앗을
꽃잎에 뿌려 봅니다

내 뒷날

어느 날
심령 깊은 곳에서
“하나님만 사랑하라”
말씀이 들립니다

나는 웃으며
“욕심도 많으시네요”라고
말했지요

그러고는 곰곰이 되새기며
생각을 하면 할수록
가슴 뛰는 말씀이에요

내가 무엇이기에
나를 그토록 사랑하실까
한없이 눈물이 납니다

보고 싶은 마음에
새벽 발걸음 재촉하며
찾아 나섭니다

내 뒷날
주님 앞에 설 때

이 글 그대로
가져갈 거예요

예배송

1 태초부터 하나님이 천지만물 창조를
너와내가 손을잡고 경배하며 춤추세
하나님은 아버지요 예수님은 형제니
온가족이 함께모여 손을잡고 춤추세

2 우리영혼 사랑으로 빛을따라 부르니
만물들도 우리함께 기뻐하며 부르고
천사들도 우리함께 경배하며 찬송을
아버지의 웃음소리 천지진동 하여라

3 하나님의 숨결속에 천지만물 숨쉬고
하나님은 말씀이요 생명수가 흐르며
사랑의문 열려있고 못자국에 두팔로
우리모두 안아주네 사랑에주 예수님

4 우리영혼 편히쉴곳 새하늘과 새땅이
우리들의 잔칫상에 꽃과열매 놓이고
나팔소리 길게불며 하나님께 경배를
부활의날 잔치마당 복이넘쳐 흐르네

찬송가 13(욥38:7)
'기뻐하며 경배하세' 곡을 이용했다. 베토벤의 교향곡 환희의 찬송에 나오는 테마이다.

축복송

1 사랑에 우리 하나님 참감사 합니다
의롭고 눈물 흘릴때 손잡아 주시네

2 마음과 마음 합하세 아버지 앞에서
부부가 손에 손잡고 조용히 춤추네

3 머리에 기름 부으사 사랑에 빛으로
번성의 복이 넘치네 생명수 흐르네

4 하나님 사랑 안에서 자녀들 다함께
영원히 영원 영원히 즐겁게 살리라

찬송가 405(엡2:5)
'나 같은 죄인 살리신' 곡을 이용하였다.

회고록

황야에 태어났음이여
깃발 속에 온통
태양이 응얼거리노라

어느 날
지구가 깨지고
불타버리면

아무 것도 없는
허허 벌판

남산길 시장 뒷골목
꿀꿀이 죽 한 그릇에
신기루를 잡으려고 다닐 때

교당의 종소리는
내 눈물 머금고 구성지게 울고
나는 십자가 친구 되었도다

지금 87세

한 세기도 되지 않은 세월
황무지가 푸른 초장이 된 사연은

이 나라 십자가는
포도나무로 만든
성령의 열매로다

포도나무의 뿌리는
왕성한 힘으로
지구를 움켜쥐고

태풍이 불고
눈보라가 쳐도

흔들리지 않는
이 겨레 이 민족이여

오늘도 포도잔 높이 들고
찬송하며 사노라

틀

밖에는 함박눈이
조용히 내리고 있다

서재에 앉아
봉지커피 한 잔 따뜻하게 마신다

문득 생각해 보니
어느새 그 맛에 길들여진 내 자신을 본다
봉지 커피뿐만 아니다

수많은 것들이
나를 지배하고 있다

온갖 지배자들의 틀 속에서
벗어나지 못하고 끌려 다니는 신세가 됐는가

이러고도 어찌
하나님의 세상, 아름다운 창조를
함께 즐길 수 있겠는가

틀에서 벗어나련다
글을 멈추고
묵상해야겠다

세 은사

이 땅에 살면서
어떤 은사가 있을까
헤아려 봅니다

가르치는 은사
발굴하는 은사
누리며 사는 은사

세 은사가 가슴에 담깁니다

나이가 들어갈수록
백발은 성성하나
더욱 깊어가는 하나님 사랑
그 감흥을 시에 담으렵니다

후세 사람에게
사랑의 에너지가 이어지기까지
온전하신 하나님
나와 동행하소서

광음光音

아침마다 빛의 소리로
기쁨 가득 채워
빠르게 흐르는 시간보다
앞서 나서게 하시는 주여

떠오르는 해
빛살을 끌어안고
바라보는 곳마다
하나님의 숨결을 느낍니다

밤이 되면 달빛 소리로
고요히 가슴을 달래고
어둠에 묻힌 시간 속에
침묵으로 끌어안는 주여

검푸른 하늘을 걷는 달과 별
그 뒤를 따라 달리면
어느덧 꿈길로 접어들고
하나님의 온기가 나를 감싼다

부활절 찬미

찬 기운이 삭아들자
어린 새싹들이
얼었던 땅을 뚫고
고개를 내민다

봄 햇살을 만나자
연둣빛 손을 흔들며
연실 빵긋거리더니
힘껏 허리를 편다

부활의 시간
뭇 생명의 찬미에
대지는 초록이 되고
새들은 날개를 펄럭인다

세속에 갇힌 그대와 나
두 손 맞잡고 초장에 서자
귓가에 스치는 신의 소리
새 생명의 노래가 들린다

십자가 형틀에서
못에 박힌 손과 발
주님이 흘리신 붉은 피는
얼어버린 세상을 녹인다

주님 손에 우리의 손을 얹고
흐르는 눈물은 찬미가 되고
부활의 순간을 바라보며
영광의 봄을 맞는다

믿음

사람들은 말한다
인생은 육십부터라고

나는 말하고 싶다
인생은 주님의 십자가로부터 시작된다고

또 덧붙여 말한다면
인생은 하나님의 사랑을 이어가는 것이라고

인생에서 한 날들이
한 순간도 떨어짐 없이 이어지고
지금을 맞는 기적을 보라

오늘을 살 수 있는 건
믿음이 나를 붙들고
내가 믿음을 품고 있음이다

매순간 숨을 쉬고
쉬지 않고 심장이 뛰며

멈추지 않고 피가 도는 삶

내게 믿음은
숨이요 심장이요 피라

나의 십자가

내 곁에 누가 있든
삶은 나만의 인생

내가 지고 가는
나의 십자가

뒤돌아보지 말자
눈물의 발자국을

주님 가신
갈보리 언덕

내 갈 길
어디까지인가

꽃잎 위에
바람 불고 비가 내린다

그리운 음성
주님의 한마디

“너는 내가 사랑하는
내 아들이라“

울고 싶은 심정

말 못할 사연
가슴이 터지도록
울고 싶은 심정

산에 올라 울음을 토할까
바다로 달려가 울음을 쏟을까
목 놓아 부르짖고 싶은 그대여

당신을 향해 손짓하며
부르는 소리에
귀 기울여 보세요

한 번도 생각하지 않았던
뜻밖의 교회라 해도
문을 열고 들어가세요

조용히 눈을 감고
심장에 두 손을 얹고
읊조리세요

답답한 가슴에
시원한 바람이 불어와
후련해질 거예요

눈물이 쏟아지면
쏟아지는 대로
실컷 울어보세요

말 못할 사연이
어느 사이
저 멀리 사라질 거예요

사랑 나무

지난날의 고난과 슬픔
생각하지 말아요

씨앗들이 부활을 꿈꾸는
생명수 강가에서
함께 호흡하며
손잡고 일어서세요

내일의 기쁨을 바라보며
이 축복의 땅에
사랑나무 함께 심어요.

지팡이

지팡이를 짚고
천천히 걸어가세요

내가 그 뒤를
따라갑니다

아침 햇살

떠오르는 햇살
아침마다
새 빛이다

하나님의 사랑과 자비
아침 햇살처럼
눈부신 풍요이다

홍해를 건넌
어젯밤이 지나니
아침 햇살로
오늘을 새롭게 하시네

만물이 깨어나
북을 치고 나팔을 불며
새 노래를 부른다

어제 솎아낸
상추 밭에는
새 살 돋는구나

어제의 찌푸린 구름이
슬며시 산 너머로 흘러가고
밝은 햇살 얼굴을 내미네

오늘
내가 걷는 신작로에는
말씀의 빛이 찬란히 비춰고

인자한 하나님
내 머리 위에
햇살처럼 환하다

목소리 높여
감사의 찬양 부르며
주님 발자국 따라 갑니다

어느 날

앙상한 가지에
메마른 늙은 잎들이 매달려
아쉬운 한 뼘 볕에 흔들린다

눈송이들이 서로 몸 부비며
소리 없이 내리는 어느 날 아침
아직 누구의 발자국도 없다

세상에서 한 번도 들어보지 못한
따뜻한 사랑의 음성
"하나님만 사랑하라"

고동치는 심장의 열풍에
대지의 눈은 녹아내리고
생명나무 열매 무르익는다

내 남은 생애에도
"사랑합니다 하나님만을"
이 마음에 기록합니다

나를 창조하신 내 아버지시여

보답

나 같은 못난이를
그토록 사랑하셨나요

평생 가슴앓이
주님의 십자가

무엇으로 보답해야
주님을 마주할까

바람은 어디서 와서
어디로 가려는가

미련한 날 위해
별들의 눈물 이슬이 되고

무엇으로 보답해야
주님 앞에 설까

나의 호흡이

하나님의 사랑이거늘

하나님의 솜씨를
사랑하게 하소서

여인

빗속에 찾아온 여인이여

십자가의 눈물 안고 온 여인이여

따뜻한 차 한 잔 마주하지 못하고
못 다한 사연만 남겨둔 채
먼 길 나서는 여인이여

주르륵 주르륵 내리는 비
가로등 불빛이 젖고 있네

미로美路

이슬비가 오는가
소낙비가 내리는가

웃기도 울기도 하며
여기까지 왔는데

내 자취는
흙먼지에 덮였네

비록 구부러진 허리
연약한 몸일지라도

오늘도
집을 나서기 전

흰옷 갈아입고 금 사슬 두르고
눈에 안약을 바르고

정한 시간보다
앞서 가는 길을

주님만이 아시나니
생명의 미로를……

새벽 애가愛歌

날 위해
창조하신 아름다운 세계

동산을 거닐면서
날 부르시는 사랑의 음성

나 벌거벗고
골방 거울 앞에 있나이다

내가 너를 위해 준비한
이 가죽 옷을 입고 함께 거닐자 하시네

해와 달이 나팔을 불고
열두 궁성이 감싸는구나

오늘도 멧부리에
생명의 빛 밝아오고

그 빛 속에 서서 새 노래 올리오니
아버지여 받아주소서

십자가의 길

오늘도
주님의 십자가 바라보면서

주님이 주신
재능의 십자가 메고

말씀의 검으로
정글을 헤치며 길을 갈 때

숲과 늪 사이에서
이름 모를 새들의 노래와
먹음직한 실과의 유혹

그러나
주님 찾아가는 길
묵묵히 걷는 내게

말씀이 등이 되어
발길을 인도하는 빛이 되나니

나의 십자가 사랑의 십자가
눈물의 십자가 진리의 십자가

진리의 십자가 길
나만이 아는 생명의 십자가

시가 피어나는 꽃씨

보이지 않는 것을 보며
들리지 않는 것을 들으며

사랑의 대화로
위로하나니

지팡이 의지하고
시간 위를 걸으며

꽃씨를 뿌린다
훗날 시들이 피어나는 꽃씨를

나

내가 일어나면
태양도 일어나고

내가 누우면
태양도 눕는다

내가 잠들면
날 어루만지는 이, 그 누군가

열린 문

갖가지 소원을 품고
십자가 앞에 무릎 꿇고
기도하는 수많은 사람들

참으로 아름답다
범사에 감사뿐이리

그리스도와 함께
나 십자가에 못 박혀 죽으리

내 마음 문 주님께 열었으니
주님 뜻대로 하옵소서

믿음

나
믿음의 원심으로
하나님을 좇아갔네

나와 하나님의 사이
알 수 없는 큰 구렁이 있어
가까이 갈 수가 없었네

다시
중심력을 찾아 메고
지팡이를 짚고 가다가
그만 쓰러졌네

꿈에서 보았네
구렁을 건널 홍해 다리가 있음을
흔들리는 다리를 붙들고 건너리
믿음의 다리 출렁다리를

시인의 눈물

가을 끝자락을 붙잡은
단풍잎 빨간 손가락

사람의 탄성이 숲에 가득하고
단풍놀이에 낙엽이 날아오른다

코스모스도 단풍나무도
겨울을 맞이해야 하는 숙명

내 가슴은 그 숙명을 안고
고개를 떨어뜨리고 우네

눈물 씻을 날 부활의 시간이 오는
하염없는 언제를 기다려야 한다

피조물의 소리가 귀청을 찢는다
새날을 꿈꾸는 이여 어서 오시오

가을

만물이 이쯤 되면
분신을 남기고 떠날 채비한다

겨울에 만날 그 이에게 줄
내 사랑 남겨 놓을까

잘 익은 사랑으로
그 이의 겨울이 따뜻하길

한 발자국

앞만 보고 살아온
삶의 눈동자

뒤돌아보니
헛된 길을 걸은 흔적

인생 길 힘이 들 때
눈을 돌려 바라보고

뒤돌아 한 발자국만
물러선 자리에서 다시 출발해요

한 발자국 뒤돌아 선 자리에
어머니는 두 팔을 벌리고 기다립니다

어머니 품에 안긴
멈춰진 시간은 잊히지 않는 영원한 순간

멈춘 눈물 반짝이는 눈동자

두 손에 힘이 솟지요

뒤돌아 한 발자국
생명의 순간 축복의 길

정야靜夜

멧부리 솜이불
살며시 끌어 덮으면

황소바람 거친 숨결
슬며시 자자들고

검푸른 하늘에 박힌
별들이 눈을 깜박인다

겨울잠에 빠진 풀잎에
별빛은 내려앉아

동면冬眠의 꿈자리로
나들이 간다

소리 없는 겨울 밤 자장가
심장을 고동치게 하고

포근히 우주를 덮는
겨울 밤 하얀 연주는 멈출 줄 모른다

감사 찬송

하잘것없는 나를
보잘 것 있는 사람으로
거듭나게 하시네

때로는 높은 곳에서
때로는 깊은 곳에서
새롭게 눈뜨게 하시네

의로운 해 높이 솟으면
피조물들이 잠에서 깨고
장엄한 군병들이 힘차게 행진하네

해와 달과 별은 서로 공전하고
장애물을 넘어 흐르는 물은 바다로 가고
우리 인생은 하나님께 향해 가노니

범사에 감사는 노래요
숨 쉬는 호흡은 찬양이요
이 몸은 세상의 헌화로다

기도의 향기

분주하던 두 손 모으고
눈을 지그시 감았습니다

온몸을 사르는 가슴의 불씨로
신성의 눈을 뜹니다

세치 혀는 소란한 바다를 건너
소리 없이 임의 이름 불러봅니다

햇살에 실려 오는 임의 온기여
빛 중에 빛으로 나를 밝히는 이여

호흡마다 담기는 임의 숨결은
끝없는 나의 기도, 나의 노래

삶의 향유 심정으로 품어
임께 올리는 기도의 향기

성찰하며 살아온
말년의 삶에 이르기까지

주님을 기다리며
주님을 영접하고
주님과 혼인잔치를
고대하고 이루는
전 과정 속에서

오늘도 나는
믿음과 소망과 사랑을 담아
기도에 힘쓰고 있다

성경을 묵상하면서

창세기부터 곧 가정으로 시작해서
계시록까지 가정으로 끝나는 혼인잔치

성경의 모든 진리가
하나님 가슴앓이
사랑 이야기로다

내 생애 속에
내 가정을 돌아볼 때
고난의 가정으로부터

생이 시작 되는 순간

누구든지

처음 가는 길을 걷게 되지

뒤돌아보면

그게 자기의 인생이라지